Mallorca

lieben lernen

Der perfekte Reiseführer für einen unvergesslichen Aufenthalt auf Mallorca inkl. Insider-Tipps, Tipps zum Geldsparen und Packliste

Sabine Winkels

✈ INHALT

Das erwartet Sie in diesem Buch

Mallorca, das in Deutschland auch oft als 17. Bundesland bezeichnet wird, bietet viel mehr als nur Ballermann und Bierkönig. Weiße Sandstrände, kristallklare Buchten, Berglandschaften und Städte erwarten Sie auf der größten Insel der Balearen-Gruppe. Und auch in puncto Sonnenschein hat die Insel einiges zu bieten: Während die durchschnittliche Anzahl an Sonnenstunden in Berlin bei 1770 Stunden pro Jahr liegt, lockt Mallorca mit 2770 Sonnenstunden pro Jahr.

Lesen Sie im folgenden Reiseführer alles über die Geschichte, die Schönheit, die Geheimtipps und Eigenheiten der wohl beliebtesten spanischen Insel.

Quick Facts

FAKTEN, DATEN UND WISSENSWERTES

- Zeitverschiebung: keine
- Sprache: Katalanisch / Spanisch / Mallorquin
- Reisepass / Visum: nicht notwendig
- Flugzeit: Ca. 2 Stunden
- Geeignet für: Kultur, Shopping, Wanderer, Radfahrer, Aktivurlauber, junge Feierlustige, Meerliebhaber

Mallorca liegt im westlichen Mittelmeer zwischen dem 39° und dem 40° nördlicher Breite und zwischen dem 2° und dem 4° östlicher Länge. Die Entfernung zum

Festland beträgt von Port de Sóller nach Barcelona 190 km und von Cap de ses Salines nach Algier ca. 280 km. Innerhalb der Insel sind es von Palma nach Can Picafort rund 50 km und von Sant Elm nach Cala Rajada ca. 100 km. Die Balearen-Insel hat eine Fläche von 3.603,8 km², der höchste Punkt ist der *Puig Major* mit 1436 Metern Höhe. Auf Mallorca leben ca. 907.197 Menschen (Stand 2018). Es gibt 53 Gemeinden auf der Insel. Zu den einwohnerstärksten zählen Palma, Calvià, Manacor, Llucmajor, Marratxí und Manacor. Insgesamt leben 130.000 Nicht-Spanier auf der Insel. Zu diesen zählen etwa 22.000 Deutsche, 12.000 Briten, 7000 Italiener und 6000 Franzosen. Hinzu kommen Einwanderer aus Marokko, Argentinien oder Ecuador und illegale Einwanderer.

Tipps für Mallorca

Kann ich mich mit Deutsch ausreichend verständigen?

Prinzipiell werden Sie mit Deutsch nicht verhungern oder verdursten. Ein bisschen Spanisch zu sprechen ist trotzdem von Vorteil. Es macht immer einen guten Eindruck, wenn Sie zum Beispiel Ihre Bestellung nicht direkt auf Deutsch aufgeben, sondern es erst einmal auf Spanisch versuchen. Dazu später mehr.

Passt mein Stecker?

Falls Sie sich fragen, ob Ihr Ladekabel dort in die Steckdosen passt, können Sie beruhigt sein. Alle Hotels, Ferienhäuser und Fincas haben bereits die

Euro-Steckdosen.

Wann sind Flüge am günstigsten?

Die Flugpreise sind nicht – wie man vielleicht erwarten würde - in den Sommermonaten am teuersten, sondern erst im Oktober. Einen Monat später, im November, sind die Flüge allerdings wieder deutlich günstiger.

Pauschalangebote nutzen?

Für einen Mallorca-Urlaub lohnt es sich, die Vorteile einer Pauschalreise zu nutzen. Neben Zeit- und Kostenersparnis müssen Sie sich auch um alles Weitere nicht kümmern, sondern Ihr Reiseveranstalter übernimmt die komplette Organisation.

Mietwagen vorab buchen?

Es ist am sinnvollsten, seinen Mietwagen vor Antritt der Reise von Deutschland aus online zu buchen. Auch dazu gib es später noch mehr Informationen.

Touristensteuer auf Mallorca?

Seit Juli 2016 müssen alle Urlauber auf Mallorca die sogenannte Touristensteuer zahlen. Die Höhe hängt dabei von der Art der Unterkunft ab. In einer Jugendherberge zahlt man beispielsweise 50 Cent pro

Nacht. Urlauber in einem eher teureren Hotel müssen mit zusätzlichen zwei Euro pro Nacht rechnen. Diese Preise gelten in der Hauptsaison von Mai bis Oktober. In der Nebensaison, die sich von November bis April erstreckt, bezahlt man nur halb so viel.

Wann ist die beste Reisezeit?
Die perfekte Zeit für den Mallorca – Urlaub hängt natürlich davon ab, was Sie erleben möchten. Wer zum Feiern herkommt, sollte die Sommermonate nutzen, denn dann ist auf der Insel am meisten los und es kann viel gefeiert werden. Für alle Aktivurlauber wie Wanderer oder Radfahrer bieten sich eher die kühlen Frühlings- und Herbstmonate an. Wollen Sie ganz einfach Ruhe genießen und keine heißen Temperaturen haben, sind Sie von November bis Februar richtig.

Mallorca

ALLGEMEINES

Mallorca gehört zu Spanien und die Amtssprache ist demnach Spanisch. Die zweite Sprache auf der Insel ist Mallorquin, welches meist von den Alteingesessenen gesprochen wird. Da sich im Laufe der letzten Jahre immer mehr Deutsche auf der Insel angesiedelt haben, ist auch die deutsche Sprache eine oft gehörte und gesprochene auf Mallorca.

• Die Bewohner heißen *Mallorquiner*.

• Das Fremdenverkehrsbüro und die Touristeninformation befinden sich in Palma.

• Der Name *Mallorca* kommt aus dem Lateinischen und heißt übersetzt "*insula maior*", was so viel heißt wie *"Die größere Insel"*.

- Man bezahlt auf Mallorca mit EURO.

- Zwischen 13:30 Uhr und 16 Uhr bleiben alle Läden geschlossen, denn dann ist die heilige *Siesta* der Mallorquiner.

DIE GESCHICHTE DER INSEL

Mallorca weist eine Geschichte auf, die lange zurückgeht. Vor ca. 4000 Jahren siedelten sich die ersten Menschen in den Höhlen der Insel an. Dies belegen viele Fundstücke, wie zum Beispiel Feuersteinspitzen, Knochensplitter und menschliche Überreste.

2000 Jahre später wurden die Funde umfangreicher: Man fand Keramik, Kupfer- und Bronzeutensilien und auch sogenannte *Talaiots*. Dies sind die charakteristischen Zyklopen-Bauten Mallorcas.

Im 19. Jahrhundert begann der Tourismus auf der Insel. Zu erwähnen sind hier beispielsweise die Aufenthalte des polnische Komponisten und der französischen Schriftstellerin George Sand (Ein Winter auf Mallorca) in Valldemossa.

In den 60er Jahren setze der Massentourismus ein und Mallorca wurde als Urlaubsinsel immer beliebter.

DIE BEWOHNER & DAS LEBEN AUF MALLORCA

Zurzeit wohnen ca. 907.197 Menschen auf Mallorca, wobei allein 409.661 davon in der Hauptstadt Palma leben. Weitere bevölkerungsstarke Städte auf der Insel sind Inca und Alcudía.

Der stetig wachsende Tourismus setzt den Mallorquinern immer mehr zu, denn in der Hauptsaison kommen ca. 8 Millionen Menschen auf die Insel. Obwohl der Tourismus viele Arbeitsplätze schafft, sehen die Einheimischen die vielen Menschenmassen eher als Invasion. Hier stellt vor allem das Verhalten der Urlauber ein Problem dar. Mallorquiner sind in einem Land und einer Kultur aufgewachsen, die es verbietet, sich so zu verhalten wie viele der Touristen. Zum Beispiel ist freizügige Kleidung vor allem in Restaurants, aber auch am Strand nicht gern gesehen.

60.000 Deutsche leben mittlerweile ganz oder einige Monate auf der Insel. Was also macht das Leben dort so attraktiv?

Die meisten Einheimischen leben natürlich - wie schon erwähnt - vom Tourismus.

Aber auch der Fischfang wird noch ausgeübt und im Süden Mallorcas, bei Colonia de Sant Jordi, wird Salz produziert. Das Meerwasser wird in große Auffangbecken geleitet, wo es dann verdunstet und somit eine Kruste aus Salz hinterlässt. Dieses wird dann verarbeitet und später als Speisesalz verkauft. Man findet sehr oft Oliven- und Johannesbrotbäume und – vor allem um die Täler Nähe Sóller - gibt es viele Apfelsinen- und Zitronenbäume. Die Mandelbäume werden einmal im Jahr abgeerntet. Dies ergibt dann rund 7000 Tonnen Mandeln bester Qualität. In den Orten Felanitx, Santa Margarita und Binisalem wird der mallorquinische Wein angebaut und auf der ganzen Insel verkauft. Auch Viehzucht, beispielsweise Schaf-, Ziegen-, Hühner und Schweinezucht, wird auf Mallorca betrieben.

Die Mallorquiner sind ein offenes, unkompliziertes und geselliges Volk, die gerne feiern, aber dennoch ruhiger und gelassener sind als die sonst so feurigen Spanier. Auf Mallorca duzt man sich und nimmt es auch mit der Pünktlichkeit nicht so genau. Das hat sicher jeder, der auf Mallorca auf einen Bus gewartet hat, schon mal erlebt.

Den Mallorquinern ist ihre Unabhängigkeit wichtig. Sie sind ein stolzes Volk und außerdem auch sehr spontan. So werden Essenseinladungen bei Freunden oder ein Konzertbesuch meist sehr kurzfristig geplant. Sonntags machen die Einheimischen gerne Ausflüge.

GEOGRAPHIE

Mallorca gehört zu der Inselgruppe der Balearen. Mit einer Fläche von ca. 3650 Quadratkilometer und einer Küstenlänge von rund 550 Kilometern ist sie die größte Insel der Balearen. Mallorca befindet sich ca. 170 Kilometer vom Festland im westlichen Mittelmeer und gehört zu Spanien.

Wie schon erwähnt, ist Palma die Hauptstadt und außerdem die bevölkerungsreichste Stadt Mallorcas. Weitere sehenswürdige Städte sind Inca, Alcudía, Porto Cristo, Pollenca, Soller, Valldemossa, Cala Ratjada, Cala Millor und Santa Ponça.

REGIONEN

Mallorca lässt sich in sechs Regionen einteilen.

Migjorn ist der Süden Mallorcas. Dort findet man einige der schönsten Naturstrände der Insel und dort leben sehr viele Einheimische.

Llevant umfasst die Orte Manacor, Sant Llorenç des Cardassar, Son Servera, Capdepera und Artà. Die Landschaft ist dort eher felsig, aber auch beliebte Sandstrände sind hier zu finden.

Es Pla ist das sogenannte Herz Mallorcas und umfasst eine Ebene von 600 Quadratkilometern. Dort werden u.a. Wein, Kartoffeln, Mais und Gemüse angebaut.

Es Raiguer beherbergt die Gemeinden Marratxi, Santa Marìa del Camí, Consell, Alaró, Lloseta, Binissalem, Inca, Mancor de la Vall, Selva, Caimari, Campanet, Bùger und Alcúdia. Außerdem verlaufen dort die wichtigsten Straßen- und Bahnverbindungen der Insel.

Serra de Tramuntana ist das Gebirge der Insel und sozusagen ihr "Halt". Der*Puig Major* ist mit 1.445 Metern der höchste Berg.

Palma, die Hauptstadt Mallorcas, ist die sechste Region der Insel.

Im Folgenden bekommen Sie eine kleine, einfache Auflistung der beliebtesten Gemeinden Mallorcas:

- Alcudia
- Pollenca
- Crestatx
- Cala San Vicente
- Muro
- Playa de Muro
- Sa Pobla
- Sóller
- Santa Margalida
- Can Picafort
- Son Serra de Marina
- Colonia de San Pere
- Artá
- Cala Ratjada
- Cala Millor
- Cala Mesquida
- Sant Llorenc
- Son Servera
- Manacor
- Porto Cristo
- Felanitx

- Cas Concos
- S´Horta
- Porto Colom
- Cala d´Or
- Porto Petro
- Algaida
- Campos
- Llucmajor
- Santa Maria del Cami
- Palma de Mallorca
- Santa Ponca
- Costa de la Calma
- Paguera
- Camp de Mar
- Puerto Andratx
- Andratx
- San Telmo
- Bunyola
- Alaró
- Lloseta
- Biniamar
- Binissalem
- Mancor de la Vall

- Inca
- Selva
- Caimari
- Moscari
- Campanet
- Búger
- Biniagual
- Llubi
- Sineu
- San Joan
- Petra
- Ariany
- Sencelles

STAAT UND POLITIK

Die Staatsform Spaniens ist die Parlamentarische Monarchie. Staatsoberhaupt ist seit dem 19. Juni 2014 König Felipe VI. Regierungschef ist seit dem 21. Dezember 2011 Mariano Rajoy.

Die mallorquinische Nationalhymne wird *La Balanguera* genannt. Der Text wurde 1903 vom Mallorquiner Joan Alcover in Maspons geschrieben. Die Musik dazu wurde 1926 von dem katalanischen Komponisten *Amadeu Vives* erfasst. Die Regierung Mallorcas führte den Musiktitel 1996 als Hymne ein.

Die mallorquinische Flagge ist zu Beginn dieses Reiseführers auch als Bild eingefügt. Die Gösch nimmt ca. ein Viertel des Platzes ein. Sie zeigt die Burg, die auch im Wappen von Palma de Mallorca zu finden ist. Immer, wenn er auf der Insel ist, residiert der spanische König auch heute noch in der Burg. Die Flagge wurde am 1. März 1983 eingeführt.

EINREISE- UND ZOLLBESTIMMUNGEN

Als EU-Bürger reicht es aus, bei der Einreise seinen gültigen Personal- oder Reisepass vorzuzeigen. Es gibt keine Einreise- und Zollkontrollen, jedoch müssen Sie sich im Hotel oder bei Autovermietungen ausweisen. Kinder unter 16 müssen entweder bei den Eltern im Pass mit eingetragen sein oder ihren eigenen Kinderausweis mitführen. Sollten Sie mit dem eigenen PKW anreisen, brauchen Sie den Führerschein und die Zulassungsbescheinigung.

Für Waren, die Sie mitnehmen möchten, gelten folgende Mengen:

200 Zigarren, 400 Zigarillos, 800 Zigaretten, 1 Kilo Tabak, 10 Liter stark alkoholische Getränke (Spirituosen mit mehr als 22 % Alkohol), 20 Liter alkoholische Getränke (Spirituosen bis maximal 22 %), 90 Liter Wein und 110 Liter Bier.

TOURISMUS

Die Haupteinnahmequelle Mallorcas ist der Tourismus. 1960 besuchten ca. 360.000 Urlauber die Insel.
In den 70er Jahren waren es bereits mehr als 2 Millionen Menschen und in 2007 kamen etwa 9,91 Millionen Touristen nach Mallorca. Damit ist die Insel
noch vor Katalonien auf dem ersten Platz der wichtigsten spanischen Touristenregionen. Die meisten
Besucher kommen aus Deutschland, gefolgt von
Großbritannien und Spanien.

Ca. 23 Millionen Urlauber nutzen das Flugzeug,
um die Insel zu erreichen, der Rest kommt mit dem
Schiff. Es gibt ca. 290.000 gemeldete Hotelbetten in
insgesamt über 1.600 Hotels.

ARCHITEKTUR UND MUSEEN

Besuchen Sie gerne Museen oder bewundern Sie lei-
denschaftlich gern Architektur, dann sind Sie auf
Mallorca genau richtig. Die verschiedenen Ausstel-
lungen und historischen Gebäude der Insel haben
für jeden etwas zu bieten. Man kann zwischendurch
einen kurzen Gang durch ein Museum planen oder
aber einen ganztägigen Ausflug zu den Schätzen der

Insel machen. Absolutes Highlight und das Wahrzeichen Palmas ist die Kathedrale La Seu, die Jahr für Jahr Tausende Besucher beherbergt.

Weitere Schätze der Insel sind:

• San Marroig: Landgut mit Museum, zwischen Valldemossa und Deija

• Castell de Bellver: gotische Burg auf einem bewaldeten Hügel 112 Meter über Palma

• Santuari de Lluc: Walfahrtsort in 525 Metern Höhe

• Castillo de Capdepera: eine der am besten erhaltenen Festungen an der nordöstlichen Küste Mallorcas

• Es Baluard: Museum für moderne und zeitgenössische Kunst, 2004 in Palma eröffnet

• La Granja: Landgut und Museum in der Nähe von Esporles

KIRCHEN UND HEILIGTÜMER

Ca 200 Jahre nach Christi hat sich das christliche Volk auf der Baleareninsel niedergelassen. Der römische Kaiser Theodosius I. machte es im 4. Jahrhundert zur Staatsreligion. Ab 525 wurde die Insel zur eigenständigen Diözese.

Mallorca hat 29 besondere Einsiedeleien und viele Heiligtümer, die im Gebirge oder auf Hügeln entstanden sind. Nach der christlichen *Reconquista* zogen sich die Menschen in kleinen Gemeinschaften oder allein zu Gebet und Buße in die Einsamkeit zurück. Der Theologe und Philosoph *Ramon Llull* ist einer der Begründer. Er lebte selbst eine Zeit lang in einer Höhle auf dem Berg von Randa. In der heutigen Zeit ist nur noch ein Heiligtum bewohnt: die *Ermita de la Trinitat* bei Valldemossa.

Die schönsten Kirchen und Klöster auf Mallorca:
- *La Seu*, Kathedrale von Palma
- Kloster Valldemossa
- Kloster Lluc
- Kloster Sant Salvador

BRAUCHTÜMER

In Spanien allgemein und natürlich auch auf Mallorca wird gerne und oft gefeiert. Dies zeigt sich an der Vielzahl an Festen, Konzerten, Veranstaltungen, Volksfesten, Prozessionen und weiteren Veranstaltungen.

Die Kultur hat einen sehr hohen Stellenwert auf der Insel: Nicht nur die zahlreichen Sehenswürdigkeiten und historischen Bauten, sondern eben auch die vielen verschiedenen Veranstaltungen und Feierlichkeiten haben meist eine lange Tradition und zeigen geliebte Bräuche. Jedes Volk hat bekanntlich seine eigenen Sitten, so natürlich auch die Mallorquiner. Ein sehr wichtiger Bereich für die Einheimischen ist die Folklore. Dies ist eine Mischung aus Gesängen, Tänzen und beschaulichen Trachten und wird von ihnen und den Spaniern im Allgemeinen gern zur Schau gestellt. Die Folklore wird auf den vielen kirchlichen Festtagen und Feierlichkeiten gezeigt und begeistert jährlich eine Vielzahl von Urlaubern und Touristen.

Eine interessante Feierlichkeit ist das *Festival San Pere*, das dem Beschützer der Fischer gewidmet ist. Außerdem ist Spanien bekannt für das Handwerk der Keramikwaren, welches sogar einen ganz eigenen Feiertag hat. Die große Verkaufsmesse der Keramikwaren findet jedes Jahr am 30. Juni in Marrachi statt. Im Mittelalter wurden durch die Meister des Handwerks die Keramikwaren bekannt und berühmt gemacht. Die Waren gelten seitdem als qualitativ hochwertig und eigensinnig.

Für die Touristen ist das *Festival Verge del Carme* interessant. Es findet im Juli statt und hat jede Menge verschiedene Unterhaltungsveranstaltungen. Am Ufer finden die feierlichen Prozessionen statt und auf großen Bühnen im Freien treten Künstler, Sänger und Theaterschauspieler auf.

Das berühmte und romantische Laternenfest in der Stadt Alcúdia gilt als das originellste Fest der Insel. Durch die Straßen der Stadt geht auch eine große Parade, die schön anzusehen ist.

KLIMA

Auf Mallorca herrscht ein subtropisches Klima mit 7,9 Sonnenstunden durchschnittlich pro Tag. Die durchschnittlichen Niederschlagsmengen variieren je nach Region der Insel: Im Süden sind es ca. 350 mm pro Jahr, in hohen Gebirgszonen dagegen 1500 mm. Die kurzen Winter sind meistens mild und feucht, ganz selten kommt es zu Schneefällen. In den Sommermonaten hingegen regnet es kaum und die Durchschnittstemperatur liegt bei 40 Grad.

FLORA UND FAUNA

Auf Mallorca finden wir eine sehr ausgeprägte Flora mit über 1500 Arten. Die Fauna hingegen ist weniger artenreich mit nur wenigen Säugetieren, dafür aber sehr vielen Vogelarten bestückt. Mallorca hat ein großes Feuchtgebiet, in dem diverse Reptilien und Amphibien angesiedelt sind. Zu diesen zählt beispielsweise auch die 1979 wieder entdeckte Geburtshelferkröte.

Es gibt auf der Insel auch einen Land- und Meeresnationalpark sowie einige Naturreservate.

Fisch- und Meerestiere gibt es vor der Küste

Mallorcas hingegen reichlich. Dort angesiedelt sind beispielsweise der Barracuda, die Schildkröte „Tortuga boba", der Meeraal, der große Drachenkopf und sogar weibliche Arten des weißen Hais. Diese können Sie auf einer Tauchtour entdecken.

Es gibt nur zwei Jahreszeiten auf der Insel. Der sehr heiße, niederschlagsarme Sommer trocknet die Natur stark aus und das Wasser wird knapp. Alle sonst so grünen Flächen verfärben sich gelb oder braun. Der erste Regen Anfang Oktober lässt die Natur aber wieder aufatmen. Der mallorquinische Winter ist sehr mild und sehr regenreich. Die Vegetation erblüht wieder und die ersten Pflanzen beginnen zu sprießen. Die Insel erblüht dann bis zum nächsten Juni. In Wintermonaten zu Anfang von Ende Januar bis etwa Mitte März verwandelt sich die Insel dann in ein duftendes Blütenmeer.

FUSSBALL UND SPORT

Für alle Sport- und Fußballliebhaber hier ein paar kurze Fakten zum Ballsport auf der Insel.

Der *Real Club Deportivo Mallorca* in Palma ist der bekannteste Fußballverein Mallorcas. Gegründet wurde er 1916. Aktuell spielt RCD Mallorca in der *Primera División*.

Die Heimspiele trägt der Verein seit 1999 im *Estadi de Son Moix* aus.

Die bekanntesten Erfolge waren der Europapokal der Pokalsieger 1999, der Spanische Pokal 2003, der Spanische Superpokal 1998 und der *Segunda División* 1960 und 1965.

Weitere Sportarten, die auf der Insel betrieben werden, sind Tennis, Radfahren und natürlich sämtliche Wassersportarten.

MALLORCA RADIO

Wenn Sie auf einer Tour im Auto über die Insel das Radio anschalten, dann hören Sie auf 95,8 *das Inselradio Mallorca*. Es ist der erfolgreichste deutschsprachige Radiosender. Das Sendestudio ist am Paseo Maritimo, der Hafenpromenade Palmas. Neben den beiden deutschen Wochenzeitungen *Mallorca Zeitung* und *Mallorca Magazin* informiert der Sender in deutscher Sprache über alles, was auf der Insel, in Deutschland und der Welt passiert. Man hört Musik aus den 70ern, 80ern, 90ern und aktuelle Charts. Ein bunter Mix also, bei dem bestimmt für jeden etwas dabei ist.

MALLORCA IM WINTER

Natürlich wollen die meisten Touristen in die Sonne fliegen und buchen deswegen ihre Urlaubsreise in den Sommermonaten. Allerdings hat die Insel auch im Winter ihren Reiz. Ich selbst war schon in den Wintermonaten dort. Auch bei den Deutschen hat es sich in den letzten Jahren etabliert, im Winter nach Mallorca zu reisen. Über zwei Millionen Plätze in den Flugzeugen nach Mallorca wurden in den Wintermonaten des letzten Jahres gebucht. Das macht fast 60 Prozent mehr als im vorangegangenen Jahr.

Auch das Internetportal Check24 sagt, dass Mallorca das beliebteste Reiseziel zum Jahreswechsel ist. Warum also nicht mal die Silvesternacht auf Mallorca verbringen? Sehr viele Hotels bieten günstige

Preise an.

Auch in der Vorweihnachtszeit lohnt sich ein Besuch, zum Beispiel in Palma. Denn ab dem 22. November ist die Hauptstadt wunderschön weihnachtlich beleuchtet und geschmückt. Auch die Geschäfte, Restaurants und Hotels haben alles festlich dekoriert und laden zu einer vorweihnachtlichen Auszeit ein. Highlights in dieser Zeit sind natürlich die Weihnachtsmärkte, die mit allerlei Leckereien locken. In vielen öffentlichen Gebäuden findet man Krippenausstellungen. Nicht nur die Märkte sind zu der Zeit schön beleuchtet. Auch die Kathedrale lockt in Herbst und Winter mit einem besonderen Lichter-Schauspiel. Da die Sonne zu dieser Jahreszeit in einem optimalen Winkel steht, scheint sie wunderschön durch die bunten Fenster und wirft atemberaubende Lichtspiele an die Wand. Die berühmten Weihnachtskonzerte in der Kathedrale von Palma locken jedes Jahr zahlreiche Besucher an. Sowohl Einheimische als auch Urlauber kommen in die Stadt, um sich besinnlich auf die Weihnachtszeit einzustimmen.

Auch für Wanderer hat Mallorca im Winter etwas zu bieten. Der berühmteste Wanderweg mit 150

Kilometern ist der *Gran Recorrido 221*. Dieser führt von Port d'Andratx bis nach Pollenca quer durch die Serra de Tramuntana. Oft liegt dort auch Schnee. Es gibt genügend Berghütten, in denen man urig übernachten kann.

Über 150.000 Radfahrer sind im Laufe des Jahres auf Mallorca unterwegs. Die meisten erobern im Frühling oder im Winter die Insel, da die Temperaturen dann zum Fahrradfahren sehr angenehm sind und die Straßen nicht so voll sind.

Mit viel Glück können Sie im Januar 10 bis 15 Tage lang den sogenannten „kleinen Sommer" genießen. Dieses Wetterphänomen sorgt mitten im Winter mit Temperaturen um die 20 Grad, Sonnenschein, wolkenlosem Himmel und Windstille für einen sommerlichen Einschnitt.

Am Ende des mallorquinischen Winters sorgt die Mandelblüten für einen Hauch von Frühling. Drei Millionen Bäume erblühen in Weiß und rosa, verabschieden den Winter und begrüßen den Sommer. Die neue Saison kann kommen.

DIE MALLORCA-PERLE

Mallorquinische Imitationsperlen, umgangssprachlich auch *Mallorca-Perlen*, sind künstlich hergestellte Perlen, die echte Perlen imitieren sollen und ausschließlich auf der Baleareninsel hergestellt werden.

Unter Hochdruck wird ein kleiner Kern auf einer speziellen Halterung befestigt und anschließend in ein Perlmutt-Gel getaucht. Dieses besteht allerdings nicht aus echtem Perlmutt, sondern aus Fauna-Teilchen aus dem Meer. Dies garantiert eine Verschmelzung und konserviert somit auch die Farbe der Perle.

Nach diesem Verfahren kann man die Mallorca - Perle kaum oder gar nicht von einer echten Perle unterscheiden. Sie fühlt sich genauso an wie eine echte Perle und ist ebenso beständig gegen äußere Einflüsse, wie zum Beispiel Hitze, Kälte, Schweiß, Make-up oder Parfum.

Die Firmen *Perlas Majórica* und *Perlas Orguídea* in Montuïri stellen diese Perlen her.

PROMINENTE BEWOHNER

Wenn Sie auf Mallorca Urlaub machen, treffen Sie sicher auch den ein oder anderen Prominenten. Neben sämtlichen Ballermann- Stars und Schlagersängern haben sich auch einige andere prominente Menschen auf Mallorca angesiedelt.

Catherine Zeta-Jones und Michael Douglas besitzen ein Landgut bei Valldemossa und nutzen dies gerne ab und an als Oase der Ruhe.

Boris Becker hat eine Villa in Artà erbauen lassen, lässt sich jedoch heutzutage dort kaum noch blicken.

Herbert Grönemeyer, der ja eigentlich bekanntlich tief in Bochum verwurzelt ist, residiert oft mitten im Gebirge Tramuntana in Sóller.

Til Schweiger entzieht sich gerne mal dem Rummel und verbringt ein paar Tage in seiner 300 Jahre alten Finca in der Serra de Tramuntana.

Rafael Nadal, die spanische Tennislegende, ist gebürtiger Mallorquiner und so versteht es sich fast von selbst, dass er dort gerne seine Freizeit verbringt. Seine ganze Familie wohnt in Manacor und er selbst hat eine Villa in Porto Cristo direkt am Meer.

König Juan Carlos, der König von Mallorca, hat

eine Sommeresidenz in Cala Major. Seine Amtsgeschäfte führt mittlerweile sein Sohn Felipe aus.

Frank Elstner war einer der ersten deutschen Promis, die sich auf Mallorca niedergelassen haben, genauer gesagt in Pollença. Dort hat er auch an seinem ersten Buch gearbeitet.

ATTRAKTIONEN UND SEHENSWÜRDIGKEITEN

Nach dem geschichtlichen, geografischen und eher trockenen Teil kommen wir nun einmal zu dem Punkt, der für Touristen am Interessantesten ist:

Was sollte man auf Mallorca unbedingt gesehen und erlebt haben?

„Wo sind die Mädchen am schönsten auf der Welt? In Palma, Palma de Mallorca! Wo scheint die Sonne für so wenig Geld? In Palma, Palma de Mallorca!" sang schon Chris Wolff im Jahr 1990.

Die Hauptstadt Palma bietet eine Vielzahl von Sehenswürdigkeiten.

Allen voran die Kathedrale, das Wahrzeichen der Insel, unter Mallorquinern auch *La Seu* genannt. Der Bau der Kathedrale dauerte über 100 Jahre.

Antoni Gaudí hat nach einem Erdbeben einige Teile wiederaufgebaut. Der Innenraum ist majestätisch und allein das Lichtspektakel, welches durch die bunten Fenster zustande kommt, ist sehenswert.

Eine weitere Attraktion in Palma ist die Burg *Castell del Belver*. Sie liegt ca. 3 km vom Stadtzentrum entfernt und von dort hat man – vorausgesetzt, man möchte die 350 Stufen auf sich nehmen – einen herrlichen Blick auf den Hafen. Die runde Bauweise ist einzigartig in Spanien und Europa.

Wie gerade schon erwähnt, ist natürlich der Hafen Palmas einen Ausflug wert. Dort legen etliche schöne Boote und Schiffe an und sogar acht Kreuzfahrtschiffe liegen regelmäßig vor Palma. Die Geschichte führt bis ins 12. Jahrhundert zurück. Es gibt vier Terminals am Hafen. Das erste Terminal ist das älteste auf Mallorca. Nummer zwei und drei sind für den Schiffsverkehr nach Valencia, Barcelona, Manorca und Ibiza vorgesehen. Das vierte ist ausschließlich für Kreuzfahrtschiffe gebaut.

Hat man doch mal ausnahmsweise einen Schlechtwettertag erwischt, bietet es sich an, einen Tag im *Palma Aquarium* zu verbringen. Auf einer Fläche von über 4 Hektar lernt man allerlei

Wissenswertes über die Meereswelt. In den 55 verschiedenen Becken kann man über 700 Meerestiere bewundern. Besonders für Kinder ist dies ein lehrreicher und spannender Ausflug. Aber auch Erwachsene werden beim Anblick der verschiedenen Meeresbewohner staunen.

Sowohl für Kinder als auch für Erwachsene ist der *Safari Zoo* in Porto Cristo sehr zu empfehlen. Auf einer echten Safari- Tour können Sie mehr als 600 wilde Tiere entdecken. Der Safari Zoo ist eine schöne Mischung aus Tierwelt und Freizeitpark und somit ein Spaß für die ganze Familie.

Eine weiteres Muss für Touristen ist *Cap Formentor*. Diese Landzunge befindet sich am nördlichsten Punkt der Insel, welcher gleichzeitig auch den östlichsten Punkt von Formentor, der Halbinsel, darstellt.

Man kann dorthin wunderbare Fahrradtouren machen, aber auch mit dem Auto ist es gut zu erreichen.

Über Serpentinen erreicht man das Highlight der Tour: den Leuchtturm Faro de Formentor. Dieser liegt 167 Meter über dem Meeresspiegel und markiert den nordöstlichsten Punkt der Halbinsel.

Von dort kann man bei klarer Sicht auch auf die Insel Menorca schauen.

Geheimtipp: Besuchen Sie Cap Formetor in der Nebensaison, dann sind die Straßen nicht so überfüllt wie im Sommer.

Kommen wir zu einer weiteren Sehenswürdigkeit, die vor allem für Aktivurlauber interessant ist. Das Gebirge *Serra de Tramuntana*. Seit 2011 gehört das Gebirge zum UNESCO- Welterbe. Das Wanderparadies mit über 90 Kilometern ist sowohl für geübte Wanderer, aber auch für Neulinge ein Erlebnis. Ein Ausflug zum *Puig Major* ist etwas für echte Abenteurer, denn - wie bereits erwähnt - ist der Berg mit fast 1500 Metern der höchste Berg Mallorcas. Er befindet sich im Tramuntana-Gebirge zwischen Fornalutx und Escorca. Auch das *Kloster Lluc* ist eingebettet in dieses Gebirge. Es ist das spirituelle Zentrum der Insel und ist beliebt bei gläubigen Mallorquinern und Urlaubern.

Der Sage zufolge fand ein Hirtenjunge am Ufer des Baches eine Madonna- Statue, die dort verehrt und ins Kloster gebracht wurde. Am nächsten Tag verschwand die Statue und wurde erneut am Bach wiedergefunden. Danach wurde für die Madonna-

Statue eine kleine Kapelle errichtet. Heutzutage ist die *schwarze Madonna* das Wahrzeichen des Klosters. In der Nähe des Klosters befindet sich auch ein botanischer Garten, durch den man bei einem Besuch hindurch schlendern kann.

Die *Drachenhöhlen* in Porto Cristo sind ebenfalls ein absolutes Muss für jeden, der gerne etwas Mystisches und Zauberhaftes erleben will. Im 14. Jahrhundert wurden sie entdeckt. Im Inneren kann man die Stalaktiten bewundern und die unterirdischen Seen, die ein wunderschönes Licht projizieren.

Auch die *Höhlen von Gènova* sind ein Muss für Höhlenfans. 1906 wurden sie zufällig entdeckt und sind seitdem sehr beliebt bei den Touristen. Die Tropfsteinhöhle ist 39 Meter tief und ist damit sogar tiefer als die Drachenhöhlen. Man kann diese nur mit einer Führung begehen. Im Sommer bei heißen Temperaturen ist dies eine willkommene Abkühlung.

Die Fahrt mit dem *Roten Blitz*, auch *Tren de Sóller* genannt, ist ein nostalgisches Erlebnis. Diese historische Eisenbahn ist eine elektrische Schmalspurbahn und stammt aus dem Jahre 1912. Die Eisenbahn verbindet Palma mit Sóller und ist ca. 27 Kilometer lang, inklusive eines Viaduktes. In Sóller dann betritt man das älteste Empfangsgebäude der Welt.

Alcudía darf man auf seiner Urlaubstour nicht vergessen. Eine Autostunde nördlich von Palma liegt das schöne Örtchen, in dem man den römischen Einfluss noch gut erkennen kann. Mit seinen verwinkelten Gässchen, den Boutiquen, den Märkten und kleinen, gemütlichen Tapas-Bars lädt Alcudía zum Verweilen ein. Im Sommer finden dort auch viele Livekonzerte statt.

Manacor ist die zweitgrößte Stadt Mallorcas. Sie ist das Zentrum der mallorquinischen Perlenindustrie. Hier werden die berühmten Majorica Perlen, die man überall auf der Insel kaufen kann, in einer Fabrik hergestellt. Die historische Altstadt mit den vielen Gässchen und kleinen Geschäften lädt zum Bummeln ein. Neben Getreidefeldern sind rund um Manacor auch viele Mandel- und Feigenplantagen zu finden.

Sehenswert ist auch der Ort *Santa Ponça.* Dieser liegt etwa 20 Kilometer von Palma entfernt und lädt zu einem Strandspaziergang entlang der Strandpromenade ein. Hier findet man auch das berühmte Bistro *Der König von Mallorca* von Jürgen Drews, dem selbst ernannten König der Insel.

Wer das Meer erkunden möchte, ist auf einer der vielen verschiedenen Bootstouren richtig. Es empfiehlt sich beispielsweise eine Tour mit dem Glasbodenboot, eine Schiffsreise, auf der man Delfine beobachten kann oder eine entspannte Fahrt auf einem Katamaran. Sie sehen - für jeden ist etwas dabei.

Sollten Sie die Unterwasserwelt erkunden wollen, empfehle ich Ihnen, einen Tauchkurs oder eine Tauchtour zu machen. Dieses Vorhaben kann man am besten ab Cala Santanyi starten. Entdecken Sie Mallorcas Schätze der Unterwasserwelt. Die Tauchkurse gibt es für Anfänger, aber auch für erfahrene Taucher.

Natürlich sollte man, wenn man auf Mallorca ist, auch einmal den legendären *Ballermann* besucht haben. Viele verschiedene Gaststätten und Diskotheken - unter anderem der bekannte *Bierkönig* - reihen sich dort aneinander und man kann dort zu Schlager- und Ballermann- Musik feiern und tanzen.

Der heutzutage überall bekannte *Ballermann 6* liegt in S'Arenal. Der Name leitet sich von dem spanischen Wort *Balneario* ab, was ursprünglich *Heilbad* heißt. Hier findet man überwiegend deutsche

Touristen. Auf einer Strecke von ca. vier Kilometern gibt es etwa 15 Strandlokale, in denen hauptsächlich Bier und Sangria getrunken wird.

In verschiedenen Lokalen, zum Beispiel dem *Bierkönig* oder dem *Megapark,* treten fast täglich wechselnde Künstler auf. Zu den Bekanntesten zählen Mickie Krause und Jürgen Drews.

Im Folgenden nenne ich Ihnen noch ein paar Veranstaltungen, Feste und Feierlichkeiten Mallorcas:

- Januar: St. Antoniusfest in Sa Pobla
- Januar / Februar: Mandelblütenfest
- Februar: Karneval
- März / April: Die größte Kirmes Mallorcas in Palma
- Mai: Größtes Stadtfest in Sollér
- Juni: Prozession der Adler
- Juli: Festwoche in Valldemossa
- August: Chopin Musikfestival
- September: Melonenfest
- Oktober: Deutsches Oktoberfest
- November: Fira de Son Ferriol
- Dezember: Festa de l` Estandart

In jedem Ort oder in jeder Stadt gibt es stetig eigene kleine oder große Feste, Veranstaltungen und Feierlichkeiten, sodass immer für jeden etwas dabei ist.

Insiderwissen und Geheimtipps

INSIDERTIPPS

Wenn man es sich aussuchen kann, sollte man die für Mallorca perfekte Reisezeit wählen: diese liegt einerseits zwischen Ende April und Pfingsten oder andererseits in der zweiten Septemberhälfte. Dann ist das Wasser schon bzw. noch schön warm und es ist meistens angenehmes Sommerwetter. Die Strände und Hotels sind noch nicht so überfüllt wie in den Sommermonaten und den Ferien. Und meist sind dann auch die Hotels und Flüge wesentlich günstiger.

Ein weiterer Tipp ist, sich anstelle eines Hotels

eine Finca zu mieten. Mallorca bietet fantastische Fincas mit Pools und Garten. Diese liegen meist etwas abseits des Massentrubels und laden zum Entspannen und Erholen ein.

Die vielen kleinen Tapas-Bars auf Mallorca bieten günstige und gute Speisen und Getränke an. Ein Geheimtipp hierbei ist die Restaurantkette *Taste Tapas,* die auf der ganzen Insel Restaurants hat. Hier bekommen Sie leckere Gerichte zum guten Preis, beispielsweise Hamburger für 3,50 € oder Muscheln für 2,50 €.

Ungefähr eine Viertelstunde Autofahrt von Palma entfernt befindet sich der *Roxy Beach Club.* Hier kann man auf einer Terrasse über dem Meer entspannen und einen Wein oder Kaffee genießen.

Mallorca bietet wunderschöne, einsame Buchten, die nicht - wie die typischen Hotspots der Insel - mit Touristen übersät sind. Ich selbst habe bei einer Inselrundfahrt mit dem Auto einige wunderschöne Strände entdeckt, in denen man die Natur und die Ruhe genießen kann. Die Bucht Cala Murta ist eines der schönsten, ruhigen Fleckchen auf der Insel.

Ein weiterer Tipp ist ein Besuch auf Mallorcas

Wochenmärkten. In nahezu jedem größeren, manchmal auf kleineren Ort sind Märkte zu finden, auf denen man einheimische Speisen, Textilien oder Gewürze kaufen kann. Meistens sind die Märkte bis 14 Uhr geöffnet.

Wie teuer ist Mallorca an sich? Auf der Insel findet man generell ein durchschnittliches Preislevel. Man kann eine günstige Pauschalreise, aber individuell geplante Urlaube und natürlich auch eine der zahlreichen Fincas buchen.

Sollte bei Ihnen Geld keine Rolle spielen oder wollen Sie sich einfach einmal etwas Außergewöhnliches gönnen, dann sollten Sie im Hotel Cap Rocat nächtigen. Dies ist ein Edelhotel in einer alten Militärfestung mit Traumstrand und einzigartige Ruhe. Allerdings bezahlt man dort auch für die Nacht 530 Euro.

Ein weiteres luxuriöses Highlight wäre ein Tag auf einer Superyacht. Diese kann man für nicht gerade kleines Geld mieten und die Yachten sind mit Jetskis ausgestattet.

Auch eine Heißluftballonfahrt kann ganz interessant werden und zeigt Ihnen die Schönheit der Insel von oben. Oder aber Sie mieten sich ein Quad und erkunden die Insel actionreich.

Vor einem Jahr eröffnete in Palma der *Mercado Gastronómico San Juan*. Hier findet man nicht wie üblich auf den Märkten frisches Gemüse, Obst oder Textilien, sondern hier wird frisch gekocht. An 17 Ständen bieten Köche ihre Gerichte an. *San Juan* ist auf dem Gelände des ehemaligen Schlachthofs und heutigem Kulturzentrums *S'Escorxador*. Es gibt spanischen Schinken, Fischspezialitäten, Burger und natürlich auch klassische Tapas.

Wollten Sie schon immer einmal eine Paella, die spanische Reispfanne mit Fisch, Fleisch oder Gemüse selbst zubereiten? In verschiedenen Hotels kann man einen Kochkurs besuchen, bei dem man die wichtigsten Dinge wie z.B., welchen Reis man nehmen soll, dass man keinesfalls in der Pfanne rühren soll und was man alles der Paella hinzufügen kann, lernt.

Ein weiteres Erlebnis für jeden Urlauber ist ein aufregendes Dinner mit Haien. Nur eine Glasscheibe trennt Sie beim Essen vor den spitzen Zähnen des Hais, die vor Ihnen auf- und abschwimmen.

Sind Sie ein Weinliebhaber? Inzwischen wird Wein in vielen Regionen Mallorcas angebaut. „Die

Weinbotschafter" bieten Touren zu verschiedenen Winzern der Insel an, Weinprobe, Jeep- Tour und Führung inklusive. So lernen Sie den Wein, den Anbau und alles Drumherum ganz genau kennen.

In Costitx gibt es kleine Iglus, in denen man die Sterne beobachten kann. Die Meteoriten im Eingangsbereich des Gebäudes sind bereits einige Millionen Jahre alt. Sie enthalten das älteste Material unseres Sonnensystems, das zusammen mit diesem vor über 4 Milliarden Jahren entstanden ist. Und über das Sonnensystem informiert man sich dann in den bequemen Sesseln im Planetarium.

Ein eher ungewöhnlicher Ausflug führt Sie auf den großen Friedhof in Palma. Hier gibt es sogar Straßennamen, damit sich niemand zwischen den Gräben verirrt.

Touren

Im Folgenden zeige ich Ihnen ein paar Touren, die Sie auf Mallorca buchen können. Ich garantiere Ihnen, es ist für jeden etwas dabei.

Da wäre zum einen ein Ausflug auf einem Katamaran. Dieser beginnt ab El Arenal. Essen, Begrüßungsgetränk und ein Badestopp mit Schnorcheln sind inklusive. Sie könne die Tour tagsüber buchen oder aber auch romantisch in den Sonnenuntergang segeln.

Eine zweite Reise auf dem Meer ist die Bootstour mit Delfinen. Erleben Sie Delfine in ihrem natürlichen Lebensraum und entdecken Sie die

Schönheiten des Meeres.

Ein etwas actionreicheres Erlebnis ist die Segway- Tour in Palma. Wer etwas Fahrtwind genießen möchte und ein bisschen Gleichgewichtssinn hat, ist hier genau richtig.

Wer Mallorca fast nahezu vollständig kennenlernen möchte, kann eine Inselrundfahrt buchen. Auf diese Weise entdecken Sie mit dem Bus, dem berühmten *Tren de Sóller,* und dem Boot alle Facetten der Insel.

Wer Gas geben will, macht am besten eine Quad-Tour. Über Stock und Stein geht es zu atemberaubenden Plätzen und Aussichtspunkten. Ein Muss für jeden Adrenalinjunkie.

Für die jüngeren Urlauber, aber natürlich auch für alle, die in Partylaune sind, bietet sich die Partyboot- Tour an. Ausgelassene Stimmung, gute Drinks und super Musik erwartet sie an Board.

Ein kulturelles Highlight ist die abendliche Dinnershow in der Nähe von Palma. Künstler und Akrobaten zeigen ihr Können, während Sie lecker speisen und trinken.

Aktivurlauber und Naturfreunde sind genau richtig auf der Seehöhlen- Tour. Erleben Sie geheimnisvolle Höhlen, die nur schwimmend vom aus Meer erreichbar sind. Ein ganz besonderes Erlebnis.

Spaß für die ganze Familie biete ein Ausflug in den *Hidropark* in Alcudia. Auf 40.000 m können Sie viele verschiedene Rutschen ausprobieren und im Wasser planschen.

AUTOROUTEN

Wer Mallorca auf eigene Faust erkunden will, kann dies ganz bequem mit einem Mietwagen machen.

Im Folgenden bekommen Sie fünf verschiedene Autorouten-Tipps, die garantiert einige schöne Ecken der Insel zeigen.

Die erste Autoroute ist die Südwest-Route. Diese umfasst ca. 90 Kilometer und man braucht 130 Minuten. Sie sehen prachtvolle Yachten, schöne Aussichten und tolle Strände auf dieser Tour. Sie führt von Palma aus Richtung Port d'Andratx und danach geht es in die Berge.

Die Südost-Route hat insgesamt 110 Kilometer und man braucht ca. zweieinhalb Stunden. Buchten, Strände und Natur erleben Sie auf dieser Autoreise.

Von Llucmajor geht es Richtung Sant Jordi und nach Cala d'Or bis hin nach Manacor.

West-Mallorca erkunden Sie auf dieser dritten Route. Mit insgesamt 170 Kilometern und viereinhalb Stunden Reisezeit ist sie die längste Tour und führt über Valldemossa, Deià und Sóller durch märchenhafte Orte.

Die kürzeste Route mit 60 Kilometern und nur einer Stunde Fahrtzeit ist die Nordost-Route. Über Alcúdia und Arta kommen Sie nach Cala Ratjada.

Unsere letzte Route führt uns in den Norden der Insel. 120 Kilometer und 4 Stunden fahren Sie durch die schönsten Naturlandschaften. Sehen Sie Coves Campanet, Monestir de Lluc, Pollença, Cap de Formentor und den charmanten Fischerhafen von Port de Pollença.

Damit Sie nicht in eine Mietwagenfalle tappen, habe ich hier auch noch ein paar Tipps für Sie.

Vergleichen Sie immer die Preise von verschiedenen Anbietern. Dank vielen unterschiedlichen Preisvergleichswebseiten ist dies auch schon von Deutschland aus ganz einfach möglich. Meistens ist es am günstigsten, diesen auch direkt dort online zu buchen. Die Angebote in den Hotels oder die von

Reiseveranstaltern sind meistens viel teurer. Oft bekommen Sie einen Mietwagen in der Nebensaison schon für 10 Euro pro Tag, in der Hauptsaison meistens ab 20 Euro pro Tag.

Auf zwei Punkte sollten Sie beim Mietwagenvertrag achten: auf die Versicherung und die Tankregelung. Sehr gerne verkaufen die Anbieter die erste Tankfüllung extra, mit dem Hinweis, dass dann das Auto ja leer zurückgegeben werden kann. Doch mal ganz abgesehen davon, dass sich der Tank ja nie komplett leer fahren lässt, schlagen die Händler meistens mitunter das Doppelte auf den eigentlichen Tankpreis der Tankstellen drauf. Sinnvoller ist also immer die Tankregelung „Voll/ voll", so zahlt man auch den wirklichen Tankpreis.

Bei der Versicherung ist eine Vollkaskoversicherung ohne Selbstbeteiligung meistens die beste Wahl. Und auch eine Haftpflichtversicherung, die meistens auch nicht viel mehr kostet, ist von Vorteil.

Des Weiteren sollten Sie niemals Ihre Wertsachen im Auto lassen, wenn Sie dieses abstellen, da Diebe natürlich auch auf Mallorca jede Chance nutzen, etwas zu klauen.

Und kontrollieren Sie immer die Rechnung,

damit Sie am Ende nicht noch extra Kosten zahlen müssen.

Die besten Hotels und Restaurants

Mein persönlicher Hotel- Tipp in der Gegend um Cala Millor / Cala Ratjada ist das Hotel *Anba Romani* in Cala Millor. Dort war ich selbst schon einige Male und es war immer alles perfekt.

Das Hotel ist sehr gepflegt. Es wurde vor ein paar Jahren komplett renoviert, die Mitarbeiter sind sehr freundlich und um alles bemüht. Und auch das Frühstück kann man dort nur empfehlen. Es gibt jeden Morgen neben einem großen Buffet mit Wurst,

Käse und Eiern eine mallorquinische Spezialität, zum Beispiel Churros.

Wenn man es sich richtig gut gehen lassen möchte, sollte man das Hotel *Isla Mallorca & Spa* in Palma buchen, welches 2019 sogar Testsieger bei CHECK24 geworden ist. In diesem Stadthotel hat man neben einem schönen Pool und gutem Essen auch die Möglichkeit, den Spa- Bereich zu nutzen und sich mit einer Massage oder verschiedenen Anwendungen verwöhnen zu lassen. Obwohl das Hotel im Zentrum ist, ist die Lage ruhig.

Für kleineres Geld bietet sich auch ein Campingurlaub an. Obwohl Mallorca eher weniger bei Backpackern und Campern bekannt ist, gibt es zwei offizielle Zeltplätze in Sa Font Coberta und in Es Pixarells. Diese gelten allerdings nicht unbedingt als die modernsten Campingplätze. Wildes Campen ist nicht erlaubt und Stellplätze für Wohnmobile gibt es leider auch nicht.

Dennoch gibt es auch für Wanderer, die gerne rustikaler übernachten, Möglichkeiten. Die sogenannten *Refugis* sind kleine romantische Berghütten in der Natur, die das Nötigste bieten.

Bei einem eher schmalen Geldbeutel kann man

natürlich auch die Airbnb - Seiten im Internet durch-stöbern und findet dort sicher das ein oder andere schöne Zimmer zum Übernachten.

Sollten Sie mit Kind und Kegel unterwegs sein, bietet es sich an, in einem von vielen Familien- bzw. Kinderhotels unterzukommen. Das Hotel *Prinsotel La Dorada* an der Playa de Muro bietet eine großar-tige Gartenanlage mit vielen Rutschen und viel Platz zum Toben. Auch im *Iberostar Albufera Playa* gibt es für Kinder und Familien viel zu erleben. Ob Entspan-nung oder Action, hier kann man alles ausprobieren.

Wer richtig gut und spanisch Essen und Trinken gehen möchte, ist in der *Bar España* in Palma genau richtig. Eine rustikale Tapas-Bar im Herzen der Stadt mit gutem spanischen Essen und ausgezeichneten Weinen.

Ein weiterer persönlicher Tipp meinerseits: sollten Sie in Cala Millor oder in dieser Gegend Ihren Urlaub verbringen, empfehle ich Ihnen die Snack-Bar *Bei Javi*. Diese liegt in einer kleinen Seitengasse von Cala Millor. Der Besitzer bereitet alles mit viel Liebe zu und ist immer zu einem Plausch bereit. Dort gibt es den meiner Meinung nach besten Sangria der Insel. Frisch zubereitet, mit saisonalen Früchten, einfach lecker. Auch die Speisen dort sind alle frisch zubereitet und es ist sehr günstig. So bezahlt man zum Beispiel für einen Hamburger mit Pommes knappe 4 Euro.

Trinkgeld gibt man auf der Insel meistens wie folgt: In Restaurants 10 % des Gesamtbetrages, bei Reinigungskräften ca. 5 Euro die Woche und im Taxi kann man den Betrag einfach aufrunden.

Wie bestellt man denn einen Kaffee auf Mallorca?

- „Cafe con leche" ist ein Milchkaffee.
- „Americano" ist ein normaler schwarzer Kaffee.
- „Cafe solo" bestellt man, wenn man einen Espresso trinken möchte.
- Ein „Cortado" ist ein Espresso mit Milch.
- „Carajillo de Amazona" sollte man unbedingt probieren. Das ist ein Espresso mit Schuss. Amazonas ist ein mallorquinischer Likör.
- Einen Eiscacfe, bei dem man dann an die Kaffeespezialtiät einfach „con hielo" anhängt, trinkt man gerne im Sommer.
- Etwas Außergewöhnliches bekommt man, wenn man seinen Kaffee mit „Leche de Almendra" bestellt, denn das ist die mallorquinische Mandelmilch.

- Falls Sie einmal typisch mallorquinisch essen möchte, hier ein paar Ideen für Sie.
- Pa amb oli: Geröstete, mit Olivenöl geträufelte Brote, mit Tomaten oder mit anderen Zutaten belegt. Wird meistens als Vorspeise serviert.
- Sopa Mallorquin: Eine Vorspeisensuppe bestehend aus Paprika, Lauch, Tomaten, Knoblauch, Zwiebeln, klein geschnittenem Kohl und Brotwürfeln.
- Caldereta: Dieser Eintopf besteht aus Meeresfrüchten oder Langusten auf der Basis eines Tomaten-Fischsuds.
- Frito Mallorquin: Angebratene Schweineinnereien mit Gemüse.
- Paella: Das wohl bekannteste Gericht Mallorcas, bzw. Spaniens. Ein Pfannenreisgericht mit Gemüse, Fleisch oder Meeresfrüchten.
- Arroz Brut: Das ist die „alte" Version der Paella. Dieses Gericht wurde früher auch „Arme-Leute-Essen" genannt, da Reis mit übrig gebliebenem Essen, wie zum Beispiel Fisch, Fleisch oder Gemüse gemischt wurde.
- Tumbet: dies ist ein Auflauf aus verschiedenen Gemüsekomponenten, wie zum Beispiel Kartoffeln, Auberginen und Paprika und einer Soße aus Knoblauch

und Tomaten. Gerne wird dieses Gericht im Sommer gegessen.

• Sobrasada: Typisch mallorquinische Wurst. Dies ist eine Streichwurst, welche aus Hackfleisch und Speck des mallorquinischen Schweins hergestellt.

• Ensaïmada: Die bekannteste Nach- und Süßspeise der Insel, die sehr oft als Souvernir für die Liebsten Zuhause gekauft wird. Die Schmalzschnecke besteht aus Hefeteig und hat oft verschiedene Füllungen.

• Pa de Figa: Mallorquinisches Feigenbrot, aus getrockneten Feigen, Anis und Anislikör.

• Gato d'almendra: Sehr beliebter Mandelkuchen.

Typisch mallorquinische Getränke gibt es natürlich auch.

In ganz Spanien wird sehr gerne Bier getrunken, so auch auf Mallorca. Die bekannteste Biersorte ist *San Miguel*. Seit ein paar Jahren wird Bier sogar auf der Insel gebraut. Die beste und Brauerei ist *Cerveza Tramuntana*, die sechs unterschiedliche Sorten braut.

Wein darf auf Mallorca sicherlich nicht fehlen, egal ob rot, rosé oder weiß. Der Rotwein ist hier der beliebteste. Er wird gerne zum Mittagessen in

Verbindung mit Wasser getrunken. Sehr bekannt ist auch der *Sangria*. Wenn Sie dieses Getränk allerdings nur in Verbindung mit dem Ballermann kennen, verpassen Sie eines der besten Getränke Mallorcas und übrigens auch eines meiner persönlichen Lieblingsgetränke. Der Sangria besteht aus gutem (Rot)Wein gemischt mit einem Fruchtsaft, oft Orangensaft, gutem Likör, Zitronen, Orangen oder saisonalen Früchten.

Der Kräuterlikör *Hierbas* gehört ebenfalls zu den typischen Getränken der Insel. Er hat natürlich einen höheren Alkoholgehalt als Wein oder Bier. Der Likör schmeckt nach Anis und man kann ihn entweder süß oder herb trinken, ganz wie man mag.

Auch sehr beliebt und bekannt auf der Insel ist der *Paloe Mallorca*. Mit 30 Prozent Alkoholgehalt ist dies ein eher hochprozentiges Getränk. *Paloe* ist ein dunkler, sirupartiger Likör, der nach Karamell schmeckt.

Bei den alkoholfreien Getränken ist der Kaffee ganz hoch im Kurs. Die Inselbewohner trinken ihn am Morgen zum Wachwerden, nach dem Essen, zum Nachmittagskaffee, auch gerne abends und nicht zu vergessen zwischendurch. Man kann sagen: Kaffee wird einfach immer und überall gern getrunken.

Ein weiteres antialkoholisches Getränk ist der *Horchata*. Eine mit Zimt, Zitronenschalen, Zucker und Wasser gemixte Mandelmilch. Es schmeckt sehr süß und erfrischend.

TIPPS FÜR WEINLIEBHABER

Mallorquinischer Wein ist auch über die Grenzen der Insel bekannt. Sorten, wie zum Beispiel *Amina Negra* haben schon einige internationale Preise abgeräumt. Als Weinanbauland hat sich Mallorca in den letzten Jahren einen Namen gemacht. Hier wird zwar schon seit Jahrhunderten Weinanbau betrieben, aber zuerst konnten die mallorquinischen Weine nicht punkten. Anfang des 13. Jahrhunderts brachte König Jaume den Weinbau in Gang. Im 19. Jahrhundert kam dann schließlich Mallorcas Durchbruch. Die Reblaus zerstörte sämtliche französische Weinbaugebiete und somit waren Mallorcas Weine gefragt. Leider war dies nicht von großer Dauer, denn etwas später zerstörte die Reblaus auch die hiesigen Weine. Danach baute man eher Mandel- und Olivenbäume an und der Weinbau geriet in Vergessenheit.

Allerdings nahm dann aufgrund des steigenden Tourismus in den 60er Jahren der Weinbau wieder zu. Ambitionierte Winzer wollten den Wein Mallorcas wieder qualitativ hochwertig an den Mann bringen. Das Zentrum für richtig guten Wein ist *Binissalem.* Aber nicht nur die dortigen Weine dürfen mit der guten Kennzeichnung *D.O. (Denominación de Origin)* versehen werden, auch andere Weine sind top ausgezeichnet. Weitere anerkannte Weinbaugebiete mit geschützter Herkunfts- und Qualitätsbezeichnung sind *Pia i Llevant* und *Serra de Tramuntana.* Auch die Weine aus Menorca und Ibiza haben das Qualitätsmerkmal „Landweine Illes Balears".

Auf einer Anbaufläche von etwa 2300 Hektar werden heutzutage jährlich ca. 45000 Hektoliter Wein produziert, 80 Prozent davon ist Rotwein. Eine bekannte mallorquinische Rebsorte ist die *Malvasiertraube.* Einheimische Rebsorten, wie zum Beispiel *Mantonegro* werden oft mit international sehr guten Weinen gemischt. So wird die Qualität der Weine gesteigert und die Winzer können somit auch international mit ihrem Wein punkten.

Einkaufen auf Mallorca

Eine der beliebtesten Urlaubsaktivitäten ist und bleibt natürlich das Shopping. Viele Wochenmärkte und Einkaufszentren sorgen dafür, dass es ausreichend Möglichkeiten dafür gibt.

Wer auf der Insel gerne einkaufen möchte, wird begeistert sein. Denn hier gibt es Bekleidung, Lebensmittel und andere Produkte, die auf dem deutschen Markt nicht erhältlich sind oder aber Sachen, die dort viel günstiger sind als in Deutschland. Die meisten Verkäufer sprechen Deutsch.

Zum Beispiel gibt es das Einkaufszentrum *Porto Picentro* in der Nähe des Hafens von Palma. Es beherbergt rund 140 verschiedene Geschäfte. Das Outlet *Center Festival Park* befindet sich in Inca und lädt mit vielen Geschäften ebenfalls zum Bummeln und Shoppen ein. Wer Lebensmittel kaufen möchte, merkt schnell, dass es die deutschen Discounter Lidl und Aldi auf der Balearen-Insel ebenfalls überall gibt. Neben den deutschen Discountern gibt es natürlich auch spanische und einheimische Geschäfte, die verschiedene Lebensmittel und Produkte anbieten. Und natürlich können Sie Ihre Lebensmittel, Textilien und allerlei andere Sachen auf den verschiedensten Märkten auf der Insel kaufen.

Ihre Liebsten, die Zuhause auf Sie warten, freuen sich sicher über ein kleines Mitbringsel. Sie wissen nicht, was Sie kaufen sollen? Hier sind einige, der zahlreichen Möglichkeiten.

• Ensaïmada: das berühmte Gebäck kauft man am besten in einer alteingesessenen Bäckerei.

• Hierbas: auch der typische mallorquinische Likör ist ein gern gesehenes Mitbringsel für Ihre Liebsten daheim.

• Senalla: die schönen Körbe trägt man gerne als

Strand- oder Handtasche.

• Siurell: eine in Kalk gebadete Tonfigur mit einer Pfeife. Sie wird seit vielen Jahrhunderten hergestellt.

• Mallorquinischer Wein: es gibt ca. 56 Weingüter auf der Insel. Zu diesen zählen u.a. José L. Ferrer, Son Prim, Ànima Negre, Tianna Negre, Miquel Gelabert und Son Bordils. Dort werden Sie sicher fündig.

• Olivenöl: jedes Öl schmeckt anders, testen Sie einfach aus, was Ihnen am besten gefallen würde.

• Flor de sal de Es Trenc: dieses Salz wird im Naturpark *Ses Salines* gewonnen und verleiht jedem Gericht das gewisse Etwas und eine mediterrane Nuance. Das Salz gibt es in verschiedenen Geschmacksrichtungen, wie zum Beispiel Rose, schwarze Oliven aber einfach natural.

• Mandelblütenparfüm: die Mandelblüte sieht nicht nur hübsch aus. Aus dieser wird auch seit 70 Jahren das Mandelblütenparfüm hergestellt.

• Quely-Kekse: diese Kekse sind eine Alternative zu herkömmlichem Brot und ein leckeres Mitbringsel von der Insel.

Medizinische Versorgung

Wie auch viele andere europäische Länder hat Spanien einen kostenlosen staatlichen Gesundheitsdienst. Die Qualität hierbei ist regional sehr unterschiedlich, aber sehr gut und auch vergleichbar mit der Versorgung in Deutschland. Mallorca hat insgesamt eine sehr gute medizinische Versorgung.

In den meisten Gebieten, in denen Deutsche leben, findet man zahlreiche Privatkliniken und Privatärzte, die sehr gute Qualität bieten. Die Kosten sind natürlich hierbei wesentlich höher als bei der staatlichen Versorgung. Und die deutschen Krankenkassen übernehmen, wenn überhaupt, nur einen Anteil an den Kosten.

Mallorca hat vier staatliche Krankenhäuser. Zwei von ihnen befinden sich in Palma, eins in Inca und eins in Manacor. Hinzu kommen einige private Kliniken und Ärzte.

Deutsche Ärzte für Allgemeinmedizin, Zahnärzte oder auch andere Fachärzte finden sich in fast jeder größeren Stadt.

Vorsicht vor der berüchtigten Mallorca-Akne! Diese Hautreaktion bekommt man meistens nach dem ersten intensiven Sonnenbad im Urlaub und sie wird deshalb Sommer-Akne oder eben Mallorca-Akne genannt. Der Grund für die Entstehung ist womöglich die Reaktion von Fettanteilen aus Sonnenschutzcremes mit der UV-A-Strahlung der Sonne auf der Haut. Sie kann teilweise heftige Hautreaktionen hervorrufen, beispielsweise extremes Jucken. In den allermeisten Fällen heilt sie allerdings wieder von selbst ab. Ein Besuch beim Hautarzt ist dennoch nicht unsinnig, um eventuelle andere Hautreaktionen oder Hauterkrankungen auszuschließen.

Alle Apotheken sind gut ausgestattet und auf die Nachfrage und Bedürfnisse der ausländischen Besucher eingestellt. Schmerzmittel, Verbandsmaterial, Medikamente gegen Erkältung, Magenbeschwerden und andere Krankheiten können Sie ohne Probleme erwerben. Viele Medikamente sind sogar unter dem gleichen oder einem ähnlichen Namen wie bei uns erhältlich und oft sehr viel billiger als hierzulande. Jedoch können Artikel wie Sonnenschutzcreme, Watte und Tampons mindestens doppelt so viel wie in Deutschland kosten.

Anreise

Wie bereits erwähnt, bietet es sich an, in der Nebensaison zu reisen. Dies natürlich unter der Voraussetzung, dass man nicht auf die Schulferien angewiesen ist. Dann bekommt man wesentlich günstigere Hotels und Flüge als in der Hauptsaison.

Günstige Flüge findet man auf den diversen Flugbuchungswebsites im Internet oder auch in jedem Reisebüro. Die Anreise per Flugzeug ist am billigsten und am bequemsten. Die Flugzeit nach Mallorca beträgt ca. 2 Stunden bzw. 1250 Kilometer, je nachdem welchen deutschen Flughafen man bevorzugt.

Nach Palma kommt man mit sehr vielen verschiedenen Fluggesellschaften von nahezu jedem Flughafen in Deutschland aus.

Am Flughafen Palma angekommen kann man entweder mit dem Bus oder dem Taxi ins gebuchte Hotel reisen. Hat man eine Pauschalreise gebucht, so wird man dort mit dem entsprechenden Shuttlebus abgeholt.

Für Urlauber, die mit Flugangst zu kämpfen haben, gibt es auch die Alternative, mit dem Auto zu reisen. Dies ist allerdings sehr viel umständlicher als die Anreise mit dem Flugzeug. Und man muss diesbezüglich beachten, dass man von Barcelona nach Palma mit der Fähre übersetzen muss. Die Fahrt dauert ca. 7 Stunden und 30 Minuten.

Es bietet sich selbstverständlich auch eine Schiffsreise nach Mallorca an, zum Beispiel in Verbindung mit einer Kreuzfahrt.

Die Fortbewegung auf der Insel erweist sich als sehr unkompliziert. Mit einem Mietwagen ist man ungebunden unterwegs und kann auf eigene Faust die Insel erkunden. Der Verkehr ist relativ gemütlich.

Des Weiteren kann man natürlich auch das öffentliche Busnetz nutzen. Über dieses sind die meisten Orte und Städte sehr gut zu erreichen.

Zusätzlich gibt es ein Bahn- Streckennetz. Der Zug fährt von Palma nach Sollér sowie über Inca nach Sa Pobla und Manacor.

Dinge, die man vermeiden sollte

Es gibt auf Mallorca, wie natürlich auch in jedem anderen Land, einige Vorschriften und Gesetzte, an die man sich halten sollte.

1. „Oben ohne" oder gar ganz nackt am Strand zu liegen, ist seit 2014 auf Mallorca verboten. An allen öffentlichen Stränden gilt es, angemessen bekleidet zu sein. Sollten Sie dennoch gerne nackt baden, gibt es ein paar wenige FKK-Strände.

2. Das Urinieren in der Öffentlichkeit wird sehr teuer bestraft. Sollten Sie erwischt werden, können

zwischen 200 und 400 Euro Strafe fällig werden. Wer am Strand oder in den Dünen „wildpinkelt", kann sogar eine saftige Strafe von bis zu 1500 Euro aufgebrummt bekommen.

3.   Hunde sind an allen öffentlichen Stränden verboten. Es gibt nur fünf Strände auf der Insel, an denen Sie Ihren Vierbeiner mitnehmen können.

4.   Wer sich in der Öffentlichkeit betrinken möchte, sollte dies auf Mallorca besser sein lassen. Wird man volltrunken am Strand oder in der Stadt erwischt, bekommt man eine Geldstrafe bis zu 3000 Euro.

5.   Das Viertel *Son Banya* in Palma sollte man eher meiden, denn es gilt als Drogenumschlagplatz und Herberge von Drogendealern und Kriminellen.

6.   Wenn die rote Fahne am Meer weht, sollte man auf keinen Fall mehr ins Wasser gehen, denn dann sind die Wellen sehr hoch und es entstehen Strömungen. Dadurch wird das Baden zu gefährlich. Auch hier wird bei Nichtbeachtung ein Bußgeld von bis zu 3000 Euro fällig.

7.   Falls Sie Raucher sind, achten Sie darauf, Ihre Zigarettenkippen nicht einfach so auf die Straße zu werfen. Auch hier gibt es ein Strafgeld in Höhe von 50 bis 200 Euro.

8.   Auch wenn in vielen Gegenden, Restaurants und Geschäften Deutsch gesprochen wird, sollten Sie aus Respekt nicht direkt auf Deutsch losplappern, sondern mit einem freundlichen „Hola" als Begrüßung starten.

Fun Facts über Mallorca

• Der erste Tourist auf Mallorca war ein Österreicher und nicht - wie wahrscheinlich jeder denkt - ein Deutscher. Der österreichische Erzherzog *Ludwig Salvator* besuchte im Jahre 1867 die Insel und ließ sich dann drei Jahre später komplett dort nieder. Auch hat er die allererste Pension eröffnet, in der Besucher kostenlos übernachten und ihre eigene Verpflegung mitbringen konnten.

• In S'Arenal, wo sich heutzutage die Hotels aneinanderreihen, stand noch 150 Jahre zuvor nicht ein einziges Haus. Ein Mann aus dem Inselinneren baute 1872 dort sein erstes Ferienhäuschen. Danach entstand dort nach und nach eine kleine Fischer- und Ferienhaussiedlung, von der man 1881 erstmals etwas hörte. Nachdem die Eisenbahnlinie Palma – Llucmajor gebaut und eröffnet wurde, zog es auch immer mehr Arbeiter von der ganzen Insel in den Ort. Er wurde schließlich S'Arenal, „die Sandige", getauft. In den 30er Jahren eröffneten zunächst nur drei Bars in S'Arenal. Erst 1960, mit der Eröffnung des internationalen Flughafens in Palma, setzte der richtige Tourismus erst ein. Danach ging alles Schlag auf Schlag. Dutzende Hotels wurden gebaut. In S'Arenal allein 70 auf einen Schlag.

• In den 90er Jahren verteilten die Mallorquiner 500 Meter künstlichen Sand, um einen Strand in S'Arenal nachzubauen, denn dort war vorher gar kein Sand. Nach einem schweren Sturm 2001 wurden aus dem Meeresboden etliche Tonnen Sand ausgebaggert und an den durch den Sturm zerstörten Stränden aufgeschüttet. Naturstrände gibt es aber auch auf der Insel, zum Beispiel *Es Trenc* im Süden der Insel.

• Das Meer ist allgegenwärtig auf Mallorca. Jedoch gibt es keinen einzigen See oder Fluss, natürliche

Süßwasserquellen findet man nicht. Einzig ausge-
trocknete Flussbetten gibt es und diese können bei
heftigem Regen auch schnell zu Sturzbächen werden. Die Seen *Cúber* und *Gorg Blau* im Gebirge
Tramuntana sind künstlich angelegt worden und
dienen den Mallorquinern als Trinkwasserbeschaf-
fung.

• Wie bereits erwähnt gibt es nicht allzu viele Säuge-
tiere auf der Baleareninsel. Jedoch findet man einige
Tiere ausschließlich dort. Vor allem in der Gebirgs-
region, die als Schutz und Rückzugsort für Tiere gilt,
findet man Vögel wie den Mönchsgeier oder die
schon erwähnte Mallorca-Geburtshelferkröte, die
1980 noch als ausgestorben galt.

• Denken manche Menschen tatsächlich, Jürgen
Drews sei der König von Mallorca? Das ist natürlich
Unsinn. In Wahrheit ist dieser selbstverständlich Fe-
lipe IV., wie wir weiter oben schon gelernt haben. Al-
lerdings ernannte Thomas Gottschalk 1999 in seiner
Sendung auf Mallorca Drews spaßeshalber zum Kö-
nig von Mallorca und gleich ein Jahr später brachte
Drews dann den gleichnamigen Hit raus.

• Mallorca ist über die Grenzen hinaus bekannt für
seine Schuhe. In Inca liegt das Zentrum der

Schuhproduktion. 1975 wurde dort auch *Camper* gegründet, die wohl bekannteste mallorquinische Schuhmarke. Seit Anfang des 20. Jahrhunderts gelten die Schuhe als Exportschlager. Schuhe im Wert von 100 Millionen Euro wurden 2013 ins Ausland geliefert, allen voran nach Deutschland, Großbritannien und Frankreich. Ein weiterer Verkaufsschlager der Insel ist das Meersalz, was auch gerne als Mitbringsel gekauft wird.

• Andere Länder, andere Eigenheiten. Vorsicht, wenn Sie das Zeichen „Daumen hoch" machen. Die Geste, die bei uns mit „Super" oder „Gefällt mir" übersetzt wird, bedeutet auf der spanischen Insel, dass Sie noch einen Drink bestellen wollen. Ein weiteres Zeichen, das dort etwas anderes bedeutet als bei uns, ist das Zeichen für „Rock'n'Roll", bei dem eine Faust mit ausgestrecktem kleinem Finger und Zeigefinger hochhält. Auf Mallorca heißt es nämlich so viel wie „Deine Frau hat dir Hörner aufgesetzt" oder „Sie ist fremdgegangen". Seien Sie also vorsichtig beim Gebrauch dieser Gesten.

• Wahrscheinlich haben auch Sie schon des Öftern die Fledermaus beobachtet, an Hauswänden oder überall auf der Insel. Die Fledermaus, die auch im

Wappen von Barcelona und Valencia zu finden ist, ist bekannt als Glücksbringer des Königs Jaume I., der im 13. Jahrhundert Mallorca eroberte. Zur Geschichte der kleinen Fledermaus gibt es diverse Erzählungen. Einer Legende zufolge war eigentlich ein Drache gemeint und die Fledermaus war somit also nur ein Missverständnis.

Kleines Spanisches Wörterbuch

Ihren Kaffee können Sie jetzt schon auf Spanisch bestellen. Damit Sie aber auch die wichtigsten Wörter und Sätze kennen, um sich auf der Insel als Urlauber verständigen zu können, hier für Sie ein kleines Wörterbuch.

- Buenos días – Guten Morgen
- Buenas tardes – Guten Tag
- Buenas noches – Guten Abend / Gute Nacht
- Muchas gracias – Vielen Dank.

- La carta, por favor. - Die Karte, bitte.
- Para mi una cerveza, por favor. – Für mich bitte in Bier.
- Un agua mineral con gas – Ein Mineralwasser mit Kohlensäure.
- Una botella de vino tinto – Eine Flasche Rotwein
- ¿Tienen comida vegetariana? - Haben Sie vegetarische Gerichte?
- La cuenta, por favor. – Die Rechnung, bitte.
- ¿Dónde está la playa – Wo ist der Strand?
- Quisiera... – Ich möchte...
- Un momento, por favor. – Einen Moment, bitte.
- Mañana – Morgen
- Hoy – Heute
- Ayer – Gestern
- No entiendo. – Ich verstehe nicht.
- No hablo español. – Ich spreche kein Spanisch.
- ¿Puedes repetir? – Kannst du das wiederholen?
- Un poco más despacio, par favor. – Etwas langsamer, bitte.
- ¿Cómo te llamas? – Wie heißt du?
- Soy de alemania. – Ich komme aus Deutschland.

Auswandern?

Wie bereits erwähnt leben viele deutsche Auswanderer auf der Balearen-Insel. Doch was muss man beachten, wenn man diesen Schritt wagen will?

Ein Umzug ist natürlich immer teuer und so sollte man sich vorher genug Gedanken machen und jeden Schritt planen.

In den ersten drei Monaten auf der Insel muss man sich nicht anmelden. Nach der Zeit ist es aber erforderlich, sich auch Mallorca an- und in Deutschland abzumelden. Wer dauerhaft dort leben möchte, muss natürlich auch Steuern zahlen.

Sein Hab und Gut kann man am besten per Schiff auf die Insel bringen lassen. Wenn man sein Haustier mitnehmen möchte, muss dieses ausreichend untersucht werden und bekommt dann einen Chip. Seinen deutschen Führerschein muss man spätestens nach zwei Jahren gegen einen mallorquinischen Führerschein eintauschen.

Wer eine Arbeit sucht, hat gute Karten in der Tourismusbranche unterzukommen, da diese die Haupteinnahmequelle auf Mallorca ist. Allerdings hat dieser Bereich auch seine Schattenseiten: Die Jobs sind nicht selten nur für die Feriensaison befristet und danach muss man sich immer wieder etwas Neues suchen.

Bei der Wohnungssuche und – miete hat die Insel ziemlich genau die gleichen Vorgaben wie Deutschland. Die Miete wird monatlich bezahlt und es wird meist eine Kaution verlangt. Allerdings sind die Mieten meiste höher als in Deutschland.

In regionalen Gegenden, auf Märkten oder kleineren Geschäften sind die Preise für Lebensmittel günstiger als in Städten.

Sollten Sie ein einfacher Mallorca-Urlauber bleiben und nicht gleich auf der Insel leben wollen, habe ich Ihnen hoffentlich Mallorca ein bisschen nähergebracht. Wie Sie sehen ist Mallorca etwas für jedermann. Partyurlauber, Aktive, Strand- und Kulturliebhaber kommen hier alle auf ihre Kosten. Kommen Sie einfach vorbei und lassen Sie sich von der Schönheit, der Kultur, den Menschen und den Feierlichkeiten der Insel verzaubern. Und wer weiß - vielleicht verlieben Sie sich ja – so wie ich – in die meiner Meinung nach bezauberndste Insel Spaniens

Packliste

Geld & Finanzen

O (evtl.) Auslandswährung
O Bargeld
O Bauchtasche
O Brustbeutel
O Bauchtasche
O EC-Karte
O Kreditkarte
O Notfall-Telefonnummern der Banken
O Portmonee

Hygiene

O Haarbürste / Kamm
O Deo (klein)
O Shampoo
O Kulturtasche
O Sonnencreme
O Taschentücher

O Reise-Zahnbürste und Zahnpasta
O Verhütungsmittel

Kleidung

O Badeklamotten
O Gürtel
O Hosen kurz / lang
O Mütze / Cap / Hut
O Pullover
O Regenjacke
O Schlafanzug
O Socken
O Sonnenbrille
O Sportklamotten / Jogginghose
O T-Shirts
O Unterwäsche

Medikamente

O Blasenpflaster
O Anti-Durchfalltabletten
O Erste-Hilfe-Set

O Fiebertabletten
O Fiebertabletten
O Mückenschutz
O sonstige Medikamente
O Pflaster
O Kopfschmerztabletten

Unterlagen & Papiere

O ADAC Unterlagen
O Adresslisten für Postkarten
O Krankversicherungsnachweis
O Stadtplan
O Führerschein
O Unterlagen für die Unterkunft
O Wasserdichte Hülle für Reiseunterla-
gen
O Impfausweis
O Mietwagenunterlagen
O Personalausweis
O Reisepass
O Reisetagebuch
O evtl. Studentenausweis

O evtl. Visum
O Zug- / Bahn- / Flugticket

Taschen & Rucksäcke

O Koffer / Trolley / Reisetasche
O Regenhülle für Rucksack
O Rucksack

Schuhe

O Badeschlappen / Hausschuhe
O Schuhe und Wechselschuhe

Sonstiges

O Brille / Kontaktlinsen und Etui
O Buch zum Lesen
O Ohrenstöpsel und Schlafmaske
O Regenschirm
O Reisedecke
O Wasserflasche
O Wörterbuch

Elektronik

O Digitalkamera
O Handy
O Ladekabel
O Kopfhörer
O evtl. Steckdosenadapter
O Power-Bank

Herstellung und Verlag:

BoD – Books on Demand, Norderstedt

ISBN: 9783750428492

© Sabine Winkels 2020

1. Auflage

Kontakt: Psiana eCom UG/ Berumer Str. 44/ 26844 Jemgum

Covergestaltung: Fenna Larsson

Coverfoto: depositphotos.com